1869. 29 Novembre

# CATALOGUE

DE

# LIVRES FRANÇAIS

RELIÉS EN MAROQUIN PAR **HARDY**

ENRICHIS DE GRAVURES ET DE DESSINS

---

*Dont la vente aura lieu le lundi 29 novembre 1869,*

**Maison Silvestre, rue des Bons-Enfants, 28**

(Salle n° 1)

A SEPT HEURES DU SOIR

Par le ministère de M° DELBERGUE-CORMONT, commissaire-priseur,
rue de Provence, 8

**PARIS**

ADOLPHE LABITTE, LIBRAIRE

4, RUE DE LILLE, 4

1869

# CONDITIONS DE LA VENTE

## AU COMPTANT.

Les acquéreurs payeront 5 p. %, en sus des enchères applicables aux frais.

Les livrés seront exposés le jour de la vente de 2 heures à 4.

---

## AVIS

Les n[os] 7, Mémoires de Saint-Simon, et 70, Lettres de Mme de Sévigné, seront vendus à la fin de la vacation.

# CATALOGUE

## DE

# LIVRES FRANÇAIS

RELIÉS EN MAROQUIN, ENRICHIS DE GRAVURES ET DE DESSINS.

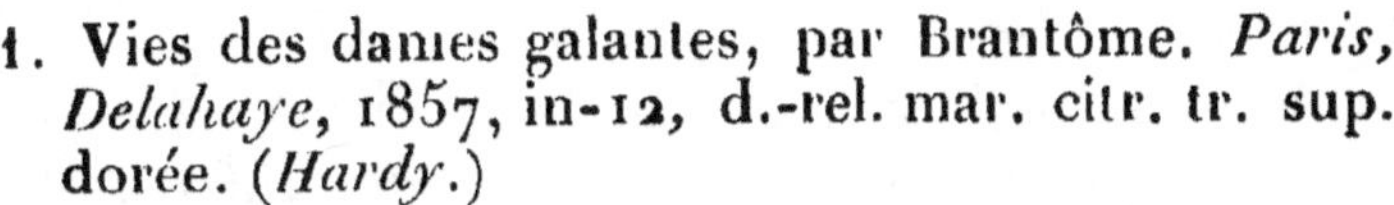

1. Vies des dames galantes, par Brantôme. *Paris, Delahaye*, 1857, in-12, d.-rel. mar. citr. tr. sup. dorée. (*Hardy.*)

   Beau portrait de Brantôme ajouté.

2. LES NIÈCES DE MAZARIN, par Amédée Renée. *Paris, Didot*, 1858, gr. in-8, d.-rel. mar. v. tr. sup. dorée. (*Hardy.*)

   Exemplaire orné de 57 portraits dont 13 dessins à l'aquarelle par B. Bauderval.

3. MÉMOIRES DE MADAME DE MOTTEVILLE sur Anne d'Autriche et sa cour. *Paris, Charpentier*, 1855, 4 vol. in-12, d.-rel. mar. avec coins, tr. sup. dorée. (*Hardy.*)

   Exemplaire auquel on a ajouté 211 portraits dont 16 dessins à l'aquarelle de B. Bauderval.

4. Les Historiettes de Tallemant des Réaux. *Paris, Techener*, 1862, 6 vol. in-12, brochés.

5. Tallemant des Réaux. Illustrations pour ses Historiettes, 62 pièces, portraits anciens et modernes dont 5 dessins à l'aquarelle de B. Bauderval.

6. PIERRE CLÉMENT. Madame de Montespan et Louis XIV. *Paris, Didier*, 1868, in-8, d.-rel. mar. orange, tr. sup. dor. (*Hardy.*)

   Orné de 46 portraits et vues dont deux dessins à l'aquarelle de B. Bauderval.

**7. Mémoires du duc de Saint-Simon**, collationnés sur le manuscrit original, par Chéruel. *Paris, Hachette,* 1856, 20 vol. in-8, d.-rel. dos et coins mar. r. tr. sup. dorée. (*Hardy-Mennil.*)

Superbe exemplaire, papier collé, orné d'une lettre autographe signée du duc du Maine, d'une autre lettre du chancelier Voysin à madame de Maintenon, de 216 dessins et de 791 portraits gravés par Ficquet, Schmidt, Desrochers, Bonnard, etc. Portraits étrangers, vignettes et vues ; en tout environ 1007 pièces.

**8. Les Maîtresses de Louis XV**, par Edmond et Jules de Goncourt. *Paris, Didot,* 1860, 2 volumes in-8, pap. collé, d.-rel. d. et c. mar. orange, tr. sup. dorée. (*Hardy.*)

Exemplaire orné de deux frontispices et de quatre dessins à l'aquarelle par B. Bauderval, et de 92 portraits dont plusieurs sont très-rares.

**9. Madame de Pompadour** et la cour de Louis XV, par E. Campardon. *Paris, H. Plon,* 1867, in-8, pap. collé, d.-rel. d. et c. de mar. citr. tr. sup. dorée (*Hardy.*)

Exemplaire orné de 54 portraits et vignettes dont un dessin de B. Bauderval.

**10. Georges d'Heilly.** Cotillon III. *Cotillonville,* 1867, in-12, d.-rel. mar. citr. tr. sup. dorée. (*Hardy-Mennil.*)

L'un des 40 exemplaires sur papier de Hollande. Exemplaire orné du portrait de Mme du Barry, avant la lettre, et de 22 autres jolis portraits dont 3 dessins par B. Bauderval.

**11. Maurice de Saxe.** Étude par S. René Taillandier. *Paris, Michel Lévy,* 1865, gr. in-8, d.-rel. det c. mar. bl. tr. sup. dor. (*Hardy.*)

50 pièces, portraits ou vues ajoutés, et un portrait d'Aurore de Kœnigsmark, mère du maréchal, dessin à la mine de plomb.

**12.** Maurice, comte de Saxe, et Marie-Josèphe de Saxe, dauphine de France, publiés par le comte d'Eckstaedt. *Leipzig,* 1867, gr. in-8 br.

**13.** Maurice, comte de Saxe. Illustrations pour cet ouvrage, 20 pièces dont 1 portrait par de Marcenay, Adrienne Lecouvreur, par Schmidt, etc.

**14. Mémoires** et Correspondance de la marquise de

Courcelles. *Paris, Jannet*, 1855, in-12, d.-rel.
mar. citr. tr. sup. dorée. (*Hardy.*)

Portrait de M^me de Courcelles, joli dessin à l'aquarelle par B. Bauderval.

15. JOURNAL ET MÉMOIRES DE CHARLES COLLÉ, avec
des notes par Honoré Bonhomme. *Paris, Didot*,
1868, 3 vol. in-8, d.-rel. mar. citr. (*Hardy.*)

Très-bel exemplaire orné de 182 portraits, dont 5 dessins à l'aquarelle par
B. Bauderval.

16. MÉMOIRES DE MADAME ROLAND, édition publiée
avec notes par Dauban. *Paris, H. Plon*, 1864,
in-8, d.-rel. mar. r. tr. sup. dorée. (*Hardy.*)

On y a ajouté le portrait de M^me Roland par Dieu, sur chine, avant la
lettre, et 50 portraits divers dont un dessin à l'aquarelle de B. Bauderval.

17. Mémoires de Victor Alfieri. *Paris, Charpentier*,
1840. in-12, d.-rel. mar. bl. (*Hardy.*)

27 portraits et vues ajoutés.

18. SOPHIE ARNOULD, d'après sa correspondance et
ses mémoires inédits (par Edmond et Jules de
Goncourt). *Paris*, 1857, in-12, papier de Hollande, maroquin orange, fil. tr. dor. (*Hardy.*)

Exemplaire unique, orné d'une jolie lettre autogr. signée de Sophie Arnould à Champein ; d'un beau portrait de la même, gravé en couleur ; d'une
lettre autographe du comte de Lauraguais à Sophie Arnould, citée dans le
texte, du carton imprimé (très-rare) et de 34 dessins et portraits, en tout
37 pièces.

19. Réflexions, Sentences et Maximes morales de
la Rochefoucauld, avec des notes de G. Duplessis
et une préface de Sainte-Beuve. *Paris, Jannet*,
1853, in-12, d.-rel. mar. la Vall. tr. sup. dorée.
(*Hardy.*)

Exemplaire orné du portrait de la Rochefoucauld, par Gaucher, avant la
lettre, et de huit autres portraits.

20. PHYSIOLOGIE du goût, par Brillat-Savarin, dessins de Bertall. *Paris, Furne*, 1864, gr. in-8, d.-rel.
mar. bl. tr. sup. dor. (*Hardy.*)

30 portraits et pièces ajoutés dont un joli frontispice dessiné par B. Bauderval.

**21. MUSIKER BRIEFE**, von Ludwig Mohl (Lettres des musiciens célèbres, Gluck, Haydn, Weber et Mendelssohn). *Leipsig, Dunker,* 1867, in-8, d.-rel. mar. vert.

75 portraits en gravures ajoutés.

**22. VIES DE HAYDN**, de Mozart et de Métastase. *Paris, Lévy,* 1854, in-12, d.-rel. dos et coins de mar. br. tr. sup. dor. n. rogn. (*Hardy.*)

Exemplaire orné d'un charmant frontispice dessiné à l'aquarelle par B. Bauderval, et de 65 portraits et vues dont 2 dessins.

**23. CARL MARIA VON WEBER**, ein Lebensbild von Max Maria von Weber (la Vie de Weber, par son fils). *Leipzig,* 1864, 2 vol. in-8, pap. collé, d.-rel. dos et coins de mar. br. tr. sup. dorée. (*Hardy-Mennil.*)

Exemplaire auquel on a ajouté 96 portraits de musiciens, vues, etc.

**24. DEVRIENT.** Souvenirs de Félix Mendelssohn Bartholdy (en allemand). *Leipzig,* 1869, in-12, d.-rel. mar. bl. tr. sup. dor. (*Hardy.*)

38 portraits de musiciens et autres ajoutés.

**25. MENDELSSOHN Briefe** (Lettres de Mendelssohn). *Leipzig,* 1864, 2 vol. gr. in-8, d.-rel. mar. bl. tr. sup. dorée. (*Hardy.*)

On a ajouté 146 portraits et vues, gravés principalement en Allemagne.

**26. VIE DE ROSSINI**, par Stendhal. *Paris, Lévy,* 1854, in-12, d.-rel. mar. br. tr. sup. dor. (*Hardy.*)

On y a ajouté 47 portraits rares de musiciens, chanteurs, etc., dont un portrait de Rossini (dessin).

**27. LÉOPOLD ROBERT**, sa vie, ses œuvres et sa correspondance, par Feuillet de Conches. *Paris, Michel Lévy,* 1854, in-12, d.-rel. mar. v.

38 portraits et pièces diverses ajoutés.

**28. OEUVRES DE CL. MAROT**, précédées de sa vie par Charles d'Héricault. *Paris, Garnier,* 1867, gr. in-8, d.-rel. mar. r. tr. sup. dorée. (*Hardy-Mennil.*)

Exemplaire en papier de Hollande. Portrait de Marot et de François Ier ajoutés, tous deux avant la lettre.

29. OEuvres complètes de Fr. Villon. *Paris, Jannet,* 1854, in-12, cart.

30. LES POÉSIES DE MESSIRE FRANÇOIS DE MALHERBE, texte revu et annoté par Ludovic Lalanne. *Paris, Hachette,* 1862, in-8, pap. de Hollande, d.-rel mar. br. tr. sup. dorée. (*Hardy.*)

L'un des cent exemplaires sur papier collé. 24 portraits ajoutés, dont 3 dessins à l'aquarelle de B. Bauderval.

31. OEuvres de Mathurin Regnier. *Paris, Delahaye,* 1860, gr. in-12, d.-rel. maroquin citr. (*Hardy.*)

Exemplaire auquel on a ajouté deux portraits.

32. Contes de la Fontaine. — Contes et Nouvelles en vers, par Grécourt, Piron, Dorat, etc. *Paris, Leclère,* 1861-62, 4 vol. in-8, brochés, vignettes.

33. OEUVRES CHOISIES de Mad. Deshoulières. *Paris, Didot,* 1795, pet. in-12, pap. vélin, maroq. vert. (*Hardy.*)

Bel exemplaire, orné de 3 vignettes, de 9 portraits, d'un portrait avant la lettre de l'auteur et de 3 dessins de B. Bauderval.

34. CHANSONS de Béranger, anciennes et posthumes; nouvelle édition populaire, ornée de 161 dessins inédits. *Paris, Perrotin,* 1866, gr. in-8, d.-rel. d. et c. de mar. r. fil. tr. sup. dorée. (*Hardy.*)

Portrait de Béranger avant la lettre, ajouté.

35. BÉRANGER et son temps, par Jules Janin. *Paris, René Pincebourde,* 1866, in-12, maroquin p. fil. tr. dor. (*Hardy-Mennil.*)

Très-bel exemplaire, l'un des 50 exemplaires sur papier de Hollande, avec doubles portraits sur pap. bl. et sur chine. On y a ajouté 18 portraits, tous avant la lettre.

36. ARNAL. Boutàdes en vers. *Paris, Dentu, s. d.,* in-12, pap. collé, d.-rel. dos et coins de maroquin orange, tr. sup. dor. (*Hardy-Mennil.*)

37 portraits ajoutés, dont 2 dessins (portrait d'Arnal).

37. ESPRIT DE MADAME DE GIRARDIN, avec préface par Lamartine. *Paris, Hetzel, s. d.,* in-12, d.-rel. mar. vert, tr. sup. dor. (*Hardy.*)

38 portraits et pièces ajoutées, plusieurs avant la lettre.

38. Chamber's Cyclopedia of English litterature. *Edinburgh,* 1843, 2 vol. gr. in-8, d.-rel. v.

Figures sur bois.

39. Sheridan Knowles's Plays. *London,* 1834. — Talfourd's theatre. *London,* 1836, 2 vol. in-8, d.-rel. v. (*Rel. angl.*)

Jolie pièce de vers, autographe, signée de l'auteur, ajoutée. Recueils factices.

40. Thomas Moore's poetical Works. *London, Longmann,* 1841, 10 vol. pet. in-12, cartonnés, figures.

La meilleure édition.

41. La Gerusalemme liberata di Tarquato Tasso. *Brusselle,* 1844, gr. in-8, d.-rel. mar. v. tr. sup. dorée. (*Hardy.*)

Portrait du Tasse et vue de Sorrente ajoutés.

42. CONVERSATIONS DE GOETHE pendant les dernières années de sa vie, trad. par Delcrot, précédées d'une introduction par Sainte-Beuve. *Paris, Charpentier,* 1863, 2 vol. in-12, d.-rel. dos et coins de mar. bl. tr. sup. dor. (*Hardy-Mennil.*)

Joli exemplaire orné de 94 portraits dont un dessin.

43. VIE DE SCHILLER, par Ad. Regnier. *Paris, Hachette,* 1859, gr. in-8, d.-rel. mar. br. tr. sup. dorée. (*Hardy.*)

Tiré à petit nombre. Exemplaire orné de 40 portraits, vues, et d'un dessin de B. Bauderval.

44. Life of David Garrick, by Percy Fitz Gerald. *London,* 1868, 2 vol. gr. in-8, cartonnés, 3 portraits.

45. MÉMOIRES DE FLÉURY, de la Comédie-Française, publiés par Lafitte. *Paris, Gosselin,* 1844, 2 vol. in-12, d.-rel. mar. citr. tr. sup. dorée.

Très-bel exemplaire, orné de 106 portraits anciens et modernes, et de 2 dessins.

46. Théâtre de Jean Racine, orné de 57 gravures

d'après Girodet, etc. *Paris, Didot,* 1816, 3 vol. in-8, pap. vélin collé, v. f. tr. dor. (*Wagner.*)

47. LA FOLLE JOURNÉE, ou le Mariage de Figaro, comédie, par Beaumarchais. *De l'Imprimerie de la Société littéraire typographique, et se trouve à Paris, chez Ruault,* 1785, in-8, grand papier, maroquin rouge, larges dentelles, tr. dor. (*Hardy.*)

Exemplaire unique, orné des figures avec et avant la lettre (très-rares), d'un joli dessin signé par Tony Johannot, d'une superbe lettre autographe signée de Beaumarchais, à Préville, toute relative à la pièce; des portraits des acteurs et des actrices qui en ont créé les rôles; la Contat avec la scène ; un portrait de la même en couleur par Janinet ; Beaumarchais par Saint-Aubin ; Préville, Desessarts, M^lle Olivier, une rare eau-forte de la Rochelle, etc. En tout 44 pièces.

48. Théâtre de Holtei (en allemand). *Breslau,* 1845, gr. in-8, d.-rel. mar. v. tr. sup. dor. (*Hardy.*)

Portrait de l'auteur et lettre autogr. signée, très-intéressante, relative à sa meilleure pièce, ajoutés.

49. Furetière. Le Roman bourgeois. *Paris, Jannet,* 1854, in-12, d.-rel. mar. v. tr. sup. dorée. (*Hardy.*)

Portrait de Furetière ajouté.

50. Le Roman comique, par Scarron, nouvelle édition, publiée par V. Fournel. *Paris, Jannet,* 1857, 2 vol. in-12, papier vergé, brochés.

51. LE DIABLE BOITEUX, par Le Sage, illustré par Tony Johannot. *Paris, Bourdin,* 1840, gr. in-8, d.-rel. mar. bl. fil. tr. sup. dorée.

Exemplaire de premier tirage, auquel on a ajouté 16 portraits et vignettes, plusieurs avant la lettre et sur chine.

52. HISTOIRE DE MANON LESCAUT, par l'abbé Prévost, édition illustrée par Tony Johannot. *Paris, Bourdin, s. d.,* gr. in-8, pap. collé, mar. citr. tr. dor. (*Hardy.*)

Superbe exemplaire. Portrait de l'abbé Prévost par Ficquet et celui de Jules Janin ajoutés.

53. ROUSSEAU (J.-J.). Les Confessions, vignettes par Tony Johannot. *Paris, Barbier,* 1846, gr. in-8, d.-rel. mar. citr. tr. sup. dor. *Figures sur chine.*

Exemplaire orné de 39 beaux portraits et vues, dont 2 dessins de B. Bauderval.

**54.** LES AVENTURES DE FAUBLAS, par Louvet de Couvray. *Paris, Mallet,* 1842, 2 vol. gr. in-8, d.-rel. dos et c. de mar. citr. tr. sup. dor. (*Hardy.*)

Exemplaire orné d'une lettre autographe de Louvet à Grimod de la Reynière, relative à Faublas (on ne connaît pas d'autres lettres de lui parlant de cet ouvrage), de deux très-jolis frontispices à l'aquarelle, par B. Banderval, du portrait de Louvet, sur chine, avant la lettre, et de la suite de 20 gravures d'après Marckl.

**55.** LES TROIS MOUSQUETAIRES, par Alexandre Dumas. *Paris,* 1846. — Vingt Ans après. *Paris,* 1846. — Le Vicomte de Bragelonne. *Paris,* 1853. — Ensemble 4 vol. gr. in-8, papier collé, d.-rel. mar. r. tr. sup. dorée. (*Hardy.*)

On a placé dans ces quatre volumes 80 portraits et vues, dont 2 dessins de B. Banderval. Reliure uniforme.

**56.** CINQ-MARS, par Alfred de Vigny. *Paris,* 1861, gr. in-8, d.-rel. mar. r. tr. sup. dorée. (*Hardy.*)

Exemplaire orné de 49 beaux portraits et vues.

**57.** BALZAC. La Peau de chagrin. *Paris, Delloye,* 1838, gr. in-8, d.-rel. mar. bl. tr. sup dor. (*Hardy.*)

20 portraits ou vues ajoutés.

**58.** Les Contes drolatiques de Balzac, illustrés par G. Doré, 5e édition. 1855, in-12, d.-rel. mar. r. tr. sup. dor. (*Hardy.*)

Portrait de Balzac ajouté.

**59.** LA CHARTREUSE DE PARME, par Stendhal (H. Beyle). *Paris, Mich. Lévy,* 1853, in-12, d.-rel. mar. r. tr. sup. dorée. (*Hardy.*)

Portrait dessiné à l'aquarelle de H. Beyle, et portrait de Balzac sur chine, ajoutés.

**60.** Picciola, par Saintine, illustrée par L. Flameng. *Paris, Hetzel, s. d.,* in-8, broché.

**61.** Picciola. Illustrations pour cet ouvrage. 8 pièces.

**62.** L'ÉTÉ A BADE, par Eug. Guinot, illustré par Tony Johannot et autres. *Paris, Furne, s. d.,* gr. in-8, mar. bl. fil. tr. sup. dor. (*Hardy.*)

1er Tirage des figures. On a ajouté 56 portraits et vues.

**63.** Le Vicaire de Wakefield, par Goldsmith, trad. par Ch. Nodier. *Paris*, 1838, in-8, pap. collé, d.-rel. d. et c. de mar. tr. sup. dor. (*Hardy*.)

On a ajouté aux illustrations de Tony Johannot 2 jolis portraits de Goldsmith et une vue de sa maison à Londres.

**64.** Memoirs of Grimaldi, edited by Boz (by Charles Dickens). *London*, 1846, in-12 d.-rel. mar. la Val. tr. sup. dor. (*Hardy*.)

On a ajouté aux illustrations de Cruikshank 18 portraits curieux.

**65.** Titmarsh's Paris sketch-book. *London*, 1840, 2 vol. in-12, cartonnés.

Cet ouvrage est un des premiers de Thackeray. Les illustrations sont dessinées par lui. Première édition, rare.

**66.** History of Pendennis ( by Thackeray). *Paris, Baudry*, 1850, 2 vol. in-8, d.-rel.

**67.** THE THOUSAND and one Nights, translated from the Arabic by Lane. *London, Knight*, 1839, 3 vol. in-8, d.-rel. v. (*Rel. angl.*)

Exemplaire de souscription. Premières épreuves.

**68.** The Arabian Nights, illustraded with engravings from designs by Westall. *London*, 1825, 4 vol. pet. in-12, mar. gr. fil. tr. dor. (*Rel. angl.*)

**69.** Histoire de madame de Sévigné, par Aubenas. *Paris, Allouard*, 1842, in-8, d.-rel. mar. la Val. (*Hardy*.)

Portrait d'après Petitot avant la lettre et sur chine, ajouté.

**70.** LETTRES DE MADAME DE SÉVIGNÉ, édition revue et publiée par Silvestre de Sacy. *Paris, Techener*, 1861, 11 vol. pet. in-8, maroquin puce, fil. n. r. (*Hardy-Mennil*.)

Magnifique exemplaire en papier de Hollande, orné de 254 dessins de B. Bauderval et autres, représentant les amis de M^me de Sévigné, les dames de la cour et autres célébrités de l'époque, et de 295 portraits et vues, gravés par Ficquet, Schmidt, Desrochers, Petitot et autres ; en tout 549 pièces.

**71.** LETTRES DE MADAME DE VILLARS à madame de Coulanges (1679-81); nouvelle édition, avec notes,

par Courtois. *Paris, Plon,* 1868, in-8, d.-rel. mar.
v. tr. sup. dorée. (*Hardy.*)

Bel exemplaire, auquel on a ajouté 35 portraits, dont 2 dessins à l'aquarelle
par B. Bauderval.

72. Correspondance complète de la duchesse d'Or-
léans, trad. nouvelle par Gust. Brunet. *Paris,
Charpentier,* 1863, 2 vol. — Lettres inédites de
la princesse Palatine, trad. par Rolland. *Paris,
Hetzel, s. d.,* in-12. — Ensemble 3 vol. in-12, maroquin bleu, fil. n. rognés, rel. uniforme. (*Hardy.*)

Charmant exemplaire, orné de 130 portraits dont quelques-uns rares et curieux, plus un frontispice et dix-huit dessins à l'aquarelle par B. Bauderval.

73. Correspondance complète de la marquise du
Deffand, publiée par M. de Lescure. *Paris, H.
Plon,* 1865, 2 vol. gr. in-8, pap. collé, d.-rel. mar.
bl. tr. sup. dorée. (*Hardy-Mennil.*)

58 portraits et pièces ajoutés, dont 6 dessins de B. Bauderval.

74. Correspondance de madame Élisabeth de France,
sœur de Louis XVI, publ. par Feuillet de Conches. *Paris, Plon,* 1868, gr. in-8, pap. collé,
d.-rel. mar. br. tr. sup. dor. (*Hardy-Mennil.*)

Bel exemplaire, orné de 61 portraits et vignettes.

75. Lettres d'un voyageur, par George Sand. *Paris, Michel Lévy,* 1863, in-12, d.-rel. mar. bl. tr.
sup. dorée. (*Hardy.*)

On a ajouté 42 portraits et pièces diverses. Portrait de G. Sand par Cala-
matta, avant la lettre.

76. Lettres inédites de Sismondi, publiées par
Saint-René Taillandier. *Paris, Michel Lévy,* 1863,
in-12, d.-rel. mar. la Vall.

Exemplaire orné d'une lettre autographe signée de la duchesse de Devons-
hire, et de 54 pièces et portraits, dont un portrait rare de Sismondi.

77. Gibbon's Life and correspondence, with illustrations by Milman. *London, Murray,* 1839, gr. in-8,
d.-rel. mar. tr. sup. dor. (*Hardy-Mennil.*)

50 portraits et vues ajoutés.

78. Evelyn's diary and correspondence. *London,*
1862, 4 vol. in-12, cart. n. rogn. portraits.

# SUPPLÉMENT.

79. Alcoran de Mahomet, translaté d'arabe en françois par le Sʳ Du Ryer. *Suivant la copie imprimée à Paris chez Ant. de Sommaville (Holl., Elzevir)*, 1672, in-12, mar. gr. tr. dor. (*Raparlier.*)

Hauteur 132 mill.

80. La Pucelle, ou la France délivrée, poëme héroïque, par Chapelain. *Paris, Courbé*, 1657, in-12, fig. mar. bl. dos orné, filets, tr. dor. fleurs de lys. (*Chambolle-Duru.*)

81. Fables choisies, mises en vers par M. de la Fontaine. *Amst.*, 1728, 4 parties en 2 vol. pet. in-8, figures à mi-pages, maroq. gr. fil. n. rogn. (*Smeers.*)

82. Madrigaux de L. S. (La Sablière). *Paris, Claude Barbin*, 1680, in-12, mar. orange, dos orné, fil. tr. dor. (*Belz-Niedrée.*)

Exemplaire grand de marges.

83. Esther, tragédie tirée de l'Écriture sainte (par Racine). *Paris, Cl. Barbin*, 1689, in-12, mar. r. fil. tr. dor. (*Allô.*)

Exemplaire grand de marges. La gravure manque.

84. Les Mémoires de messire Philippe de Commines. *A Leyde, chez les Elzeviers*, 1648, in-12, mar. bl. fil. tr. dor. fleurs de lys. (*Hardy-Mennil.*)

Bel exemplaire, 130 millimètres.

Paris. — Imprimerie Adolphe Lainé, rue des Saints-Pères, 19.

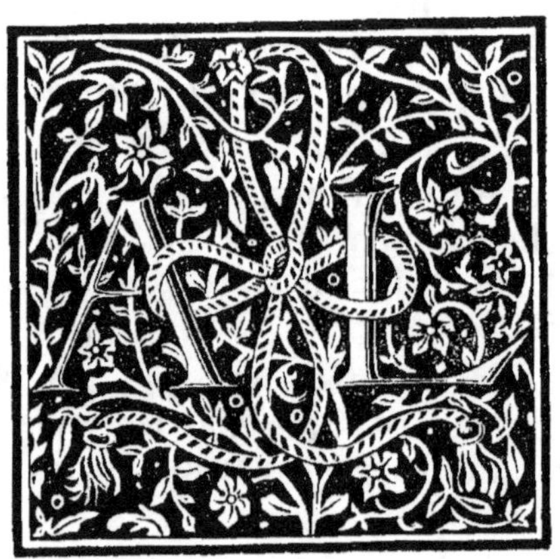